This book belongs to:
(Este libro pertenece a:)

D1120519

"Good morning," Mommy said.

"Time to get up and get out of bed!"

"Buenos días," dijo mamá.

"¡Hora de levantarse y salir de la cama!"

DLee rolled over and just shook her head.

"No Mommy, no! I do not want to go!

I will not go to school today.

Can I just stay home and play?"

DLee se volteó y sólo sacudió la cabeza.

"¡No mamá, no! ¡No quiero ir!

No quiero ir hoy a la escuela.

¿Podría quedarme en casa y jugar?"

"No, my big girl, you cannot.

It is time to go to school,

whether you like it or not!"

"¡No, mi niña grande, no puedes.

Es hora de ir a la escuela,

te guste o no!"

DLee sighed and burst out in tears.

This was one of her biggest fears.

A new place she did not know.

A place without her mommy she was forced to go.

DLee suspiró y estalló en llanto.

Este era uno de sus temores más grandes.

Un nuevo lugar al que no conocía.

Un lugar sin su mamá al cual se veía obligada a ir.

To DLee, school seemed like a scary place,

but it was something she would have to face.

"After all, everyone goes to school at

some point," is what Mommy said.

Still, DLee would rather be home playing instead.

A DLee, la escuela le parecía un lugar temeroso,

pero era algo que tendría que enfrentar.

"Después de todo, todo el mundo

tendrá que ir a la escuela." Es lo que dice mamá

Sinembargo, DLee prefería quedarse en casa jugando.

9

DLee got ready.

She grabbed her teddy.

And off to school, the three would go.

DLee se alistó.

Tomó su osito de peluche.

Y para la escuela salieron los tres.

At school, her mommy introduced DLee to her teacher,

"Hello. My name is Ms. Mayo."

"My-my name is DLee," she said really low.

"Well nice to meet you, DLee! Welcome to Room 2.

I am super excited to teach and play with you."

En la escuela, su mamá presentó a DLee a su maestra,

"Hola. Mi nombre es la Sra. Mayo."

"Mi-mi nombre es DLee," dijo ella muy bajo.

"¡Mucho gusto de conocerte, DLee! Bienvenida al salón 2.

Estoy super emocionada de enseñarte y jugar contigo."

13

Ms. Mayo grabbed her hand

and her mommy said, "Goodbye."

"No, no, no," said DLee as she began to cry.

La Sra. Mayo la tomó de la mano

y su mamá dijo, "Adiós."

"No, no, no," dijo DLee y empezó a llorar.

"Don't worry my dear, I will not be long."

So DLee grabbed Ms. Mayo's hand and

walked along.

"No te preocupes querida,

no te tendré mucho tiempo."

DLee tomó la mano de la Sra. Mayo

y se fueron juntas.

As she looked around,

DLee was in for a treat.

She saw her buddy Rye sitting in a yellow seat.

Cuando DLee miró a su alrededor,

le esperaba una sorpresa.

Ella vió a su amigo Rye sentado

en un asiento amarillo.

"Rye!" she said. "I did not know you were here!"

"Yes DLee, so no need to fear.

My mommy just dropped me off here too.

I like it in school so far, there is just so much to do.

Come with me and I will show you!"

"¡Rye!" dijo ella. "¡No sabía que estabas aquí!"

"Sí DLee, así que no hay nada que temer.

Mi mamá acaba de dejarme aquí también.

A mi me gusta la escuela, hay tanto que hacer.

¡Ven conmigo y te mostraré!"

All day long, the two did lots of things.

They painted, sang songs,

and put beads on strings.

Juntos hicieron un montón de cosas todo el dia.

Ellos pintaron, cantaron canciones

y ensartaron pepitas en hilos.

24

School was not so bad after all.

DLee had teddy,

Ms. Mayo, Rye, some new friends

and they were all having a ball.

Después de todo, la escuela no era tan mala.

DLee tenía a su osito, a la Sra. Mayo, a Rye,

nuevos amigos y todos estaban pasándola bien.

DLee felt happy and did not want the day to end.

But then she saw her mommy's car

coming around the bend.

DLee se sintió feliz y no quería que el día terminara.

Pero de pronto ella vió venir

el coche de su mamá por la curva.

The bell rang and class was officially done.

She really liked school and had so much fun.

She did not want to go home.

She wanted to stay.

But her mommy assured her she would be back

the next day.

Sonó la campana y oficialmente terminó la clase.

Realmente a ella le gustó la escuela y se divirtió mucho.

Ella no quería irse a casa.

Quería quedarse.

Pero su mamá le aseguró que volvería al día siguiente.

29

DLee went to her cubby and grabbed her things.

She turned to her mommy and said,

"I cannot wait for what tomorrow brings!"

DLee fue a su cubículo y recogió sus cosas.

Ella miró a su mamá y le dijo,

"¡Quiero que mañana llegue pronto para volver!"

"Goodbye, Room 2," DLee voiced loudly.

"Until mañana," she said proudly!

"Adiós, salón 2," DLee dijo en voz alta.

"¡Hasta mañana," dijo ella orgullosamente!

If you liked this book, check out DLee in:

(Si te gustó este libro, echa un vistazo a DLee en:)

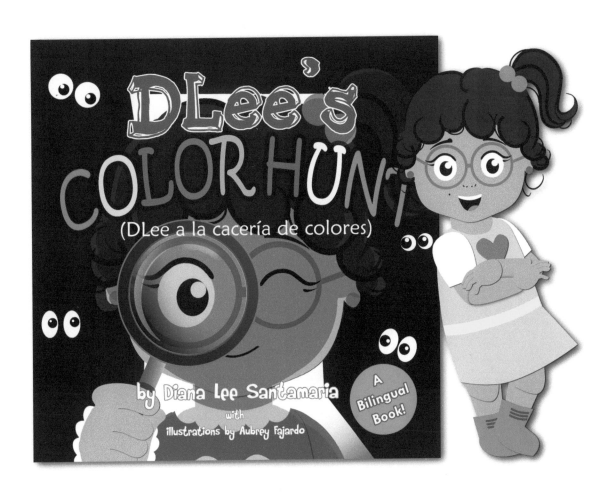

www.dleesworld.com

CPSIA information can be obtained
at www.ICGtesting.com
Printed in the USA
BVHW022055210920
589337BV00015B/173